T 27 / Ln 14581.

# M. DE MONTBEL.

TOULOUSE

**DELBOY**, Libraire-Éditeur

RUE DE LA POMME, 71.

1861.

TOULOUSE. — IMPRIMERIE DE M^{lle} H. DE LABOUÏSSE-ROCHEFORT.

# M. DE MONTBEL.

---

La mort vient d'enlever à la France, à Toulouse, à de nombreux amis, un homme de bien, dont la longue et honorable existence a mérité l'estime et l'admiration des cœurs honnêtes. Les partis politiques, exclusifs dans leurs préférences, l'opinion, si mobile dans ses jugements, n'ont jamais prodigué à M. de Montbel que des louanges. C'est qu'au-dessus de ses éminentes qualités, au-dessus de son mérite personnel, il y a eu chez M. de Montbel quelque chose qui force la conscience, qui commande le respect ; c'est, au milieu des changements perpétuels des hommes et des idées, des ébranlements des trônes et des empires, c'est l'inaltérable fidélité de M. de Montbel à ses principes, à ses croyances. Ce n'est pas une faible gloire que d'avoir su résister à l'entraînement de son temps; d'avoir, comme le vieux Caton, défendu jusqu'à son dernier soupir une cause à qui la Providence refusait la victoire; d'avoir sacrifié à cette cause le bonheur de vivre et de mourir dans sa patrie, parmi les siens, près de son foyer domestique. Exemple bien rare de dévouement et de persévérance, qui fera de la mémoire de M. de Montbel une des plus belles et des plus nobles que ce siècle agité présentera à l'histoire!

C'est à nous, qui avons eu l'honneur d'être ses concitoyens, de consacrer à cette mémoire le pieux tribut de nos sympathiques regrets.

M. Guillaume-Isidore Baron, comte de Montbel, naquit à Toulouse le 4 juillet 1787. Ses premières années s'écoulèrent dans le tumulte de la Révolution française; mais il échappa, par son âge même, aux dangers et aux secousses de ce grand évènement. Néanmoins les exemples, les leçons et les conseils qu'il reçut de sa famille, lui conservèrent les sentiments d'un profond respect, d'un inviolable attachement pour les institutions qui avaient sombré dans le naufrage de 1789.

M. de Montbel fit ses premières études chez

M. Ruffat, qui dirigeait le plus important établissement d'instruction de cette époque, dans la rue des Régans, là où s'élève aujourd'hui le monastère du Saint-Nom de Jésus. Il fit d'excellentes classes, et il acquit, par ce travail assidu de sa jeunesse, des connaissances, que développèrent, avec une aptitude naturelle, la pratique des affaires et la fréquentation du grand monde. Mais ce que M. de Montbel n'eut pas besoin d'apprendre, et ce qui lui fut révélé par son âme droite, chrétienne et généreuse, ce fut la charité envers les pauvres. Suivant à la lettre l'admirable précepte de l'Evangile, il donnait en secret le mince superflu de l'enfant, et plus tard le nécessaire du jeune homme. On le vit deux fois, à l'insu de sa famille, porter à un indigent le pardessus que sa mère lui avait fait faire pour le garantir des rigueurs de l'hiver.

Tel fut M. de Montbel à l'âge où le cœur s'ouvre aux premières impressions de la vie. Tel il resta pendant le cours de sa longue carrière : chrétien sincère, charitable et bon, ami des lettres et des sciences; dévoué, en un mot, à tout ce qui agrandit le domaine du cœur et de l'intelligence, à tout ce qui peut étendre les horizons d'une âme ardente pour le bien et le beau.

L'éducation de M. de Montbel eût été incomplète, s'il n'eût étudié le droit à la Faculté de Toulouse. Ainsi préparé par de sérieux et solides travaux, il entra dans le monde, où ses talents, la facilité élégante de son élocution, lui attirèrent de précoces succès.

M. de Montbel épousa le 12 avril 1812, à vingt-cinq ans, M$^{lle}$ Daspe, fille de M. Daspe, président au Parlement de Toulouse, et de M$^{lle}$ de Gramont. Plus tard, en Allemagne, il contracta deux nouvelles alliances.

En 1822, l'Académie des Jeux-Floraux s'adjoignit M. de Montbel. Il remplaçait M. Jouvent, professeur de procédure civile et de législation criminelle à la Faculté de Droit de Toulouse. M. Ruffat, l'ancien maître de M. de Montbel, fut chargé, par une heureuse coïncidence, de prendre la parole avant son disciple; après avoir prononcé l'éloge de M. Jouvent, il adressa au nouvel élu les paroles suivantes :

« Une pensée vient m'arracher à mes tristes regrets..... Un nom doublement cher à la magistrature et aux lettres a frappé mon oreille ; mes yeux encore mouillés de larmes se lèvent ; et sur ce siége, longtemps occupé par notre confrère, mes souvenirs ont reconnu celui en qui j'ai vu briller, au printemps de sa vie, des talents, qui ne sont pour l'ordinaire que les fruits tardifs de l'étude et de l'âge. Une mère respectable forma son jeune cœur, elle jouit déjà depuis longtemps des succès que lui assuraient et ses leçons et ses exemples. Je n'essaierai pas de vous parler des grâces d'un esprit que j'ai vu naître, des précieuses vertus dont je lui ai vu contracter la douce habitude.... Je contemplerai dans mon jeune confrère le littérateur distingué, le poète gracieux qui fut jadis mon élève, bientôt après mon émule, toujours mon ami. »

Le remerciement de M. de Montbel est empreint d'une grande modestie : « Chercherai-je, disait-il, quels ont été mes titres à vos suffrages? Non, Messieurs; il m'est trop facile et trop doux de les trouver dans votre bienveillance. Eh ! comment pourrais-je en former le plus léger doute ! je retrouve parmi vous des hommes qui m'honorèrent de leur amitié, avant de m'honorer de leur choix; des hommes dont l'affection se rattache aux premiers souvenirs de ma vie, aux temps de mes premières études, aux temps de ces premières illusions, où nous offrîmes aux Muses notre premier encens; elles sourirent à leurs vœux : aujourd'hui, ils ont voulu associer à leurs succès le compagnon de leurs anciens travaux. »

M. de Montbel développait ensuite, en termes pleins d'éloquence, le but et la mission de l'Académie. Il terminait son discours en exprimant le vœu que la voix des Muses, longtemps étouffée par les cris confus des discordes civiles, pût célébrer les prospérités de la patrie.

M. le marquis d'Aguilar répondit au remerciement de M. de Montbel. Il loua sa jeunesse formée par l'étude des sciences et des lettres, et par le goût des talents agréables, celui de la peinture et de la musique, « qui sont aussi une espèce de poésie. »

Déjà membre du Conseil général du département et du Conseil municipal de Toulouse, M. de Montbel fut nommé, par ordonnance royale du 11 janvier 1826, maire de cette ville, en remplacement de M. le comte d'Hargenvilliers. Il fut installé le 12 février.

La cérémonie d'installation eut lieu dans la salle des Illustres. Elle fut présidée par le Préfet, M. le comte de Juigné. « Je n'entreprendrai pas, dit ce magistrat, de tracer les devoirs d'un maire à celui qui a si bien toujours connu les siens, et les a accomplis avec cette ferme persévérance qui distingue l'homme véritablement vertueux. Je vous dirai, sans crainte d'être démenti, que le choix de S. M. réunit les suffrages unanimes de vos concitoyens : qu'ils savent que les sciences et les arts trouveront un appui assuré dans celui qui les a cultivés avec autant de succès..... Que, devenu le chef d'une famille dont vous étiez un des membres les plus distingués, ses intérêts sont les vôtres, et qu'ils seront constamment l'objet de vos soins et de la surveillance la plus assidue. »

M. de Montbel répondit qu'il comprenait l'importance des fonctions auxquelles il était appelé. Il exprima l'espoir que Toulouse ne resterait pas stationnaire au milieu du grand mouvement qui entraînait toute la France. Il promit de ne négliger aucun moyen d'animer l'industrie, de l'éclairer par les sciences, de l'ennoblir par les beaux-arts.

M. de Montbel fut fidèle à ces promesses. On peut le dire bien haut, l'administration de ce magistrat éminent est une de celles qui ont laissé les plus beaux souvenirs. Affable avec tout le monde, conservant toujours une dignité qui n'avait rien d'impérieux, sage dans ses conseils, prompt dans ses déterminations, il réalisa des améliorations importantes. Il avait parfaitement compris que la ville de Toulouse, moins favorable que d'autres à de grandes industries, ouverte à un commerce alors peu considérable, ne pouvait conserver son renom et accroître sa prospérité que par le culte des arts, des lettres et des sciences. Aussi encouragea-t-il de tous ses efforts le développement des institutions libérales. C'est à M. de Montbel que nous devons le rétablissement des expositions périodiques de l'industrie et des arts. Rien ne semble plus propre à amener le progrès que ces exhibitions fréquemment renouvelées ; elles permettent de suivre le mouvement de l'intelligence humaine, de constater ses défaillances, ses besoins, ou la rapidité de sa marche.

Le plus bel hommage rendu à l'administration de M. de Montbel, est de suivre pas à pas les actes accomplis pendant le cours de sa magistrature municipale. En voyant ce qu'est Toulouse aujourd'hui, on ne peut se faire une idée exacte de la situation de cette ville en 1826. Tout, ou presque tout, était à faire pour donner une physionomie nouvelle à cette vieille cité. La pensée de l'établissement de grandes rues ne se présentait pas encore ; on n'imaginait pas davantage de produire dans Toulouse des aspects grandioses. Il fallait agir dans la mesure du possible, et tirer le meilleur parti d'une situation que les siècles, les évènements, l'incurie des administrateurs, des habitudes invétérées, la négligence enfin des habitants à sauvegarder leurs plus grands intérêts, avaient insensiblement amenée. On ne pouvait pas songer d'ailleurs à des entreprises financières qui n'étonnent personne aujourd'hui, et qui auraient singulièrement effrayé nos devanciers. Toulouse devait se mouvoir dans les limites d'un budget de 900,000 fr. environ, auquel venaient se joindre de loin en loin les libéralités de l'Etat et de la couronne.

On peut dire que M. de Montbel fit tout ce qui dépendait de lui pour faire sortir Toulouse d'une position si difficile. Au lieu de se perdre dans des entreprises au-dessus des forces de la ville, il chercha à réaliser ce qui était indispensable. Comme on devait s'y attendre, il donna ses soins les plus actifs à l'encouragement des beaux-arts ; mais il ne négligea rien de ce qui semblait être réclamé par les besoins de l'époque.

Dès le 20 février 1826, les portes Montoulieu, Arnaud-Bernard et Matabiau, sont adjugées aux enchères, et la démolition de ces hideux passages ne doit pas se faire attendre. On projette d'élever sur la place d'Angoulême (aujourd'hui Louis-Napoléon) une colonne en marbre de 120 pieds de hauteur. On commence la démolition des remparts formant l'enceinte extérieure de la ville, depuis la porte Arnaud-Bernard jusqu'au faubourg Saint-Michel. L'autorité militaire enjoint de suspendre ces travaux dans la partie située entre les portes Arnaud-Bernard et Matabiau ; mais **M.** de Montbel passe outre et fait continuer les tranchées, par la raison qu'une ordonnance du roi ne peut être détruite par une instruction ministérielle.

La fontaine de la place de la Trinité s'achève ; on commence l'établissement du bassin de la place des Carmes. On reconstruit un corps de bâtiment destiné au dortoir des Sœurs de la Charité, et à l'établissement d'un quartier de malades de l'Hôtel-Dieu Saint-Jacques.

Au mois d'août, le roi Charles **X** accorde 3,000 fr. pour l'établissement, à Toulouse, d'une école destinée à l'enseignement de la musique et du chant. Un règlement d'organisation est immédiatement soumis au Conseil municipal.

La salle des tableaux, au Musée, reçoit d'importantes améliorations, qui combattent en partie les effets désastreux de l'humidité.

On commence l'établissement des abattoirs, qui doivent augmenter les revenus de la ville, tout en rendant des services incontestables.

Le Conseil municipal détermine le prix des concessions des eaux de la ville à faire aux habitants.

Ce même Conseil adopte un plan dressé par M. Eudel, ingénieur des ponts-et-chaussées, pour la construction d'une halle sur la place Bourbon. La dépense est évaluée à 270,000 fr. Les travaux doivent commencer au mois de janvier 1827. — Nous ignorons les causes qui firent ajourner l'exécution d'un projet encore à l'étude aujourd'hui.

Le 26 août, M. de Montbel préside à la distribution des prix de l'Ecole des Arts. Il prononce un discours dans lequel il rappelle heureusement les services rendus à l'Etat par les arts et par l'industrie ; il annonce l'ouverture d'un cours de géométrie et de mécanique industrielle, confié à M. Urbain Vitry. Il annonce encore le développement qu'a reçu l'Ecole de Musique, et qui permettra de cultiver utilement « la mélodieuse organisation des habitants de nos contrées méridionales. »

Des constructions et réparations pour une somme d'environ 5,000 fr. sont faites aux bâtiments du Jardin-des-Plantes.

On travaille à rétablir l'Observatoire fondé par M. de Garipuy, sur le même plan que cet habile architecte l'avait fait construire.

En octobre, la méthode d'enseignement à l'Ecole des Arts subit d'importantes modifications : le nombre et la durée des leçons sont augmentés ; des classes nouvelles sont créées ; des professeurs adjoints sont chargés de ces classes. Les premiers élus sont MM. Laurine, Griffoul-Dorval et Reynaud.

M. de Montbel est nommé chevalier de la Légion-d'Honneur à l'occasion de la fête du roi. « Il méritait cette grâce, dit un journal de l'époque, par sa loyale activité et par ses efforts éclairés pour faire le bien. »

Le 16 novembre, M. de Montbel rend un arrêté relatif à une exposition publique des produits des beaux-arts et de l'industrie. Voici les considérants de cette remarquable décision :

« Nous, etc., considérant que les désastres politiques ont détruit dans cette ville l'antique usage d'une exposition annuelle des beaux-arts ; que le rétablissement de cette utile institution est justement réclamé par des académies et sociétés d'artistes comme un puissant et noble encouragement à leurs travaux ; considérant combien il est utile d'offrir tous les moyens de développement de l'industrie dans une ville importante par sa grandeur, sa position centrale dans le Midi, par le puissant moteur que lui offre un grand fleuve, et par ses communications faciles avec les deux mers ; considérant les succès qu'ont obtenues de semblables expositions dans les grandes villes du royaume et les heureux résultats qu'elles ont amenés, etc. »

L'exposition fut fixée du 15 mai au 15 juin 1827.

Le 5 décembre 1826, a lieu, dans la salle de chimie de la Faculté des Sciences, l'ouverture du cours public de géométrie et de mécanique à l'usage de la classe ouvrière. M. de Montbel prononce un

discours dans lequel il établit le but de cette fon-
dation : donner aux hommes industriels toutes les
connaissances qui doivent les aider dans la pratique
de leur art ; les guider hors des chemins de la
routine et des préjugés vers un perfectionnement
nécessaire, améliorer leur sort en améliorant leur
instruction. M. de Montbel exprime l'espoir que les
études de l'école naissante seconderont l'impulsion
industrielle de Toulouse. — Après ce discours, le
nouveau professeur, M. Urbain Vitry, fait sa première leçon, consacrée aux progrès modernes de
l'industrie et à son avenir dans notre pays.

A la fin de 1826, M. l'abbé Chazottes fonde
l'établissement des Sourds-Muets.

Il convient d'ajouter au bilan de cette année, de
nombreux travaux aux filtres nouvellement établis
pour le service des eaux, la distribution de ces eaux
par le moyen des fontaines, des projets de fontaines
monumentales sur les principales places, etc., etc.

1827. — L'abattoir public, dont la dépense est
évaluée à 200,000 fr., est construit définitivement
sur les plans de M. Urbain Vitry. La première
pierre de cet édifice est posée par le maire de Toulouse le 5 septembre.

Le bureau d'administration des sciences et des
arts décide l'acquisition du cabinet d'histoire naturelle de M. Bertin. Nous ignorons pourquoi cette
mesure n'a pas reçu son exécution.

Une ordonnance royale érige l'Ecole de Musique

en succursale de l'Ecole royale et du Conservatoire de Paris. M. de Montbel rend, le 6 février, un arrêté qui décide l'ouverture de l'Ecole de Musique pour le 1er mars 1827. L'enseignement est divisé en trois classes : principes et solfége, vocalisation et chant, piano et harmonie. Ces classes sont confiées à MM. Lassave, Despéramont et Savène. La direction de l'Ecole est attribuée au bureau des arts, l'administration est accordée à M. Lassave.

Le sieur Forobert est autorisé à établir à Toulouse une usine d'éclairage par le gaz hydrogène. Cette importante création ne devait se réaliser que beaucoup plus tard.

Les travaux relatifs à l'établissement des fontaines publiques se continuent avec activité. Le 22 mars, on met en adjudication des ouvrages à faire pour un nouveau filtre ; ces ouvrages sont estimés environ 10,000 fr.

Un concours est ouvert pour restaurer les parties alors existantes de l'église de Saint-Joseph de la Grave et pour achever cet édifice.

Le 8 mars 1827, l'Académie des sciences, inscriptions et belles-lettres de Toulouse, appelle dans son sein M. de Montbel. Lorsqu'il changea plus tard de résidence pour habiter Paris, il fut inscrit sur la liste des correspondants. Tous les corps savants de notre ville tenaient à honneur de posséder un citoyen estimable, que ses vertus recommandaient aussi bien que son zèle et ses talents.

M. de Montbel ne fut pas seulement un maire plein d'intelligence et comprenant les besoins de son époque ainsi que les intérêts nombreux de la ville. La Providence lui réservait une gloire plus belle ; il devait rester parmi nous comme la personnification du dévouement. Le 21 mai 1827, le fleuve débordé menaçait ses deux rives ; la petite île de Tounis, alors sans abri contre le fléau des inondations, payait un effrayant tribut à la fureur des eaux ; les maisons, ébranlées dans leurs fondements, tombaient en ruines sous l'action impétueuse de la Garonne, et des nuages de poussière s'élevaient du lieu où naguère étaient des demeures d'hommes. Dès les premières atteintes du débordement, M. de Montbel dirigea, avec habileté et promptitude, les mesures de sûreté compatibles avec d'aussi rapides désastres. Il ne se contenta pas de pourvoir au logement et à l'entretien des personnes dénuées d'asile, il donna l'exemple du courage et de l'abnégation.

Trois ouvriers étaient restés à la Poudrière, dans l'île située au-dessus du Moulin du Château. Après une nuit passée dans l'attente des plus grands malheurs, ils poussaient des cris de détresse, implorant une délivrance de plus en plus difficile. M. Sainte-Foy, capitaine d'armuriers, Cassagne, pêcheur, Barthez, charpentier, Garrigues, batelier, entrent dans la barque de ce dernier, et, domptant la violence des vagues, parviennent à soustraire les malheureux ouvriers à la mort qui les attendait. Le chemin leur avait été frayé par M. de Montbel et par le préfet, M. de Juigné. Ces deux chefs d'administration n'avaient pas craint d'exposer leur vie en se jetant dans un bateau, avec M. le baron Raynaud et M. Virebent, pour aller au secours des trois malheureux qu'il fallait sauver. Ce n'est qu'après de longues, mais inutiles recherches qu'ils repassèrent le fleuve, plus menaçant encore qu'au moment où ils le franchissaient avec un courage déjà si admirable.

Cet épisode d'une des plus désastreuses inondations de la Garonne, a fait le sujet d'une peinture due au talent de M. Villémsens. M. Abel, de Toulouse, s'est inspiré du même trait d'héroïsme qu'il vient de reproduire par la voie de la photographie.

Le Roi accorde à la ville de Toulouse la collection complète des médailles du cabinet de la monnaie. Ces médailles sont déposées à l'Académie des Sciences.

Le 19 juillet, a lieu, au Capitole, la distribution des prix aux lauréats de l'exposition des beaux-arts et de l'industrie. M. de Montbel prononce un discours très-remarquable, plein des sentiments patriotiques qui animaient son cœur.

On décide l'érection de la fontaine de la place Rouaix, sur les plans de M. Raynaud, architecte du Château-d'Eau.

Le 2 septembre, M. de Montbel préside à la

distribution des prix aux élèves des écoles entretenues par la ville : celle de botanique, celle des arts, celle de musique, l'institution des Sourds-Muets, le cours de géométrie et de mécanique industrielles.

Au commencement de 1828, on met en adjudication les travaux de construction de la fontaine sur la place Saint-Georges.

Le moment arrive où M. de Montbel, déjà membre et secrétaire du Conseil général de la Haute-Garonne, va prendre une part plus active et plus considérable à la vie politique. Une ordonnance royale du 5 novembre dissout la Chambre des Députés, et appelle la France à élire de nouveaux représentants. M. de Montbel est nommé président du 2e collége d'arrondissement (Toulouse, centre).

Les circonstances étaient solennelles ; la lutte entre le parti royaliste et le parti constitutionnel était engagée, et, des deux côtés, l'ardeur était égale. Nous n'avons pas à faire ici l'histoire de France ; il nous suffira de dire que M. de Montbel, porté par les électeurs royalistes, fut proclamé député par le collége électoral du centre. Il réunit 221 suffrages sur 330 votants ; son compétiteur, M. Cassaing, eut 108 suffrages.

M. de Montbel partit à la fin de janvier 1828 pour Paris, afin de prendre part aux travaux de la Chambre. A la première organisation des bureaux, il fut nommé secrétaire du 6e, dont il faisait partie.

Il obtint 103 suffrages pour une des places de secrétaire de la Chambre, mais il n'eut pas la majorité nécessaire. Dans le comité secret, pendant la discussion de l'adresse, il prononça un discours en faveur de l'ancienne administration (celle de M. de Villèle). « L'honnête homme, dit-il, qui par conviction combat le pouvoir qui existe, ou défend le pouvoir qui n'est plus, se présente sans crainte ; il est toujours assez fort de sa conscience. Plusieurs d'entre nous ont appris, par les malheurs mêmes de leurs familles, tout ce que peuvent attendre des âmes généreuses l'honneur et le devoir. La Révolution fit tomber la tête de nos pères, mais jamais elle ne put humilier leur front ! » M. de Montbel fut rapporteur de son bureau dans la question d'admission de M. Jankowitz, député de la Meurthe. Il prit souvent la parole, et montra toujours l'inébranlable attachement à ses convictions royalistes. Dans la séance du 12 avril, il fit l'apologie de l'ancien ministère et de ses actes, principalement de la guerre d'Espagne.

M. de Montbel, secrétaire du 1er bureau, fut nommé, à la fin d'avril 1828, membre de la commission sur le projet de loi relatif à la presse périodique, projet plus libéral que les lois antérieures, et qui supprimait la censure. Il le combattit à plusieurs reprises à la tribune ; on sait que cette loi fut adoptée le 19 juin dans son ensemble. Il s'éleva contre une pétition qui réclamait l'expulsion des Jésuites, et qui, malgré les efforts de la droite, fut renvoyée au Garde-des-Sceaux et au Ministre de l'instruction publique.

Le 24 juillet, M. Girod (de l'Ain) fit un rapport sur la proposition de M. Labbey de Pompières, tendant à mettre le précédent ministère en accusation. La commission, dont M. de Montbel faisait partie, avait décidé à la majorité qu'il y avait lieu d'instruire contre l'ancien cabinet. M. de Montbel s'inscrivit le premier contre l'accusation ; mais la discussion ayant été renvoyée après le budget, ce qui équivalait à un ajournement indéfini, le député toulousain fit insérer dans les journaux l'opinion qu'il aurait soumise à la Chambre. Il s'attachait, dans un long discours, à disculper les ministres de tous les griefs que la majorité d'alors leur reprochait. C'était un nouveau témoignage de l'indépendance du caractère de M. de Montbel, et de l'énergie de ses convictions politiques.

La session législative terminée, M. de Montbel revint à Toulouse, où il reprit les fonctions de maire avec l'activité qui faisait le fonds de son caractère, présent à toutes les solennités, se multipliant pour suffire à ses nombreux travaux. Il fut élu à l'unanimité président du Conseil général (septembre 1828), et reçut Mme la duchesse de Berry lors de son séjour à Toulouse (21, 22 et 23 septembre). Mme la Duchesse posa la première pierre d'un monument, dont on projetait alors la construction sur la place d'Angoulême (aujourd'hui Louis-

Napoléon), à la gloire de l'armée d'Espagne et de M. le Dauphin. Elle présida ensuite à la distribution des prix de l'Ecole des Beaux-Arts, dans la grand'salle du Musée.

Le 30 octobre, M. de Montbel rend un arrêté qui fixe l'ouverture d'une nouvelle exposition des objets d'industrie et d'arts, au 15 mai 1829.

Le 7 novembre 1828 eut lieu l'inauguration de l'Ecole Vétérinaire de Toulouse, instituée par ordonnance royale du 6 juillet 1825. M. le Préfet fit comprendre en quelques paroles les utiles résultats de cette institution. Il rappela la constante sollicitude de M. de Montbel, « dont le zèle éclairé et vigilant savait protéger tout ce qui est bon, achever ce qui est incomplet, et créer ces établissements nombreux, dont les bienfaits perpétueraient, s'il en était besoin, le souvenir de son heureuse administration. »

Le 29 novembre, le Conseil municipal vote une somme annuelle de 1,500 fr., destinée à entretenir un élève pensionnaire à l'Ecole française, à Rome. M. L.-C. Prévost, qui avait obtenu une médaille d'or à la dernière exposition pour plusieurs tableaux remplis de mérite, fut le premier élève qui reçut ce témoignage de la munificence de l'administration.

La société dite du *Prêt gratuit*, dont le nom indique le but vraiment chrétien, est définitivement établie; M. l'ancien évêque de Verdun est nommé président, M. de Montbel vice-président.

Des efforts soutenus sont faits pour la propagation de la vaccine, contre laquelle s'élevaient encore des préjugés invétérés dans la classe du peuple.

1828. — On fait des essais de pavage de divers modes dans la rue du Pont. Les rues principales doivent recevoir des pavés taillés.

L'administration s'occupe de l'établissement d'un troisième filtre pour le service des fontaines.

La session législative s'ouvrit le 27 janvier. M. de Montbel s'était rendu à Paris pour assister à la séance royale. Il fut, pendant la discussion de l'adresse, l'organe de la minorité royaliste de la Chambre des Députés ; il s'éleva surtout contre les actes qui avaient atteint les congrégations religieuses vouées à l'enseignement ; il prit souvent la parole pendant le cours de la session, et ne démentit jamais ses opinions. Il s'inscrivit contre la loi départementale et la loi municipale, qui furent ensuite retirées par ordonnance royale.

De retour à Toulouse à la fin de juillet, M. de Montbel ne tarda pas à repartir pour Paris, où il était appelé par une dépêche télégraphique. Le ministère Martignac venait de succomber, et M. le duc de Polignac était chargé de la composition d'un nouveau cabinet.

M. de Montbel fut nommé ministre des affaires ecclésiastiques et de l'instruction publique, et grand-maître de l'Université de France.

La position prise par M. de Montbel pendant le cours de sa vie politique et pendant les deux sessions législatives auxquelles il avait assisté, le désignaient au choix du Roi, dans la tentative de réaction royaliste qui allait être faite par le gouvernement du roi Charles X. Un journal publia sur la nomination de M. de Montbel les lignes suivantes :

« On assure que M. de Montbel se trouvait en relation depuis une quinzaine de jours au moins avec M. le prince de Polignac. L'objet de cette correspondance était l'organisation d'un ministère pris à droite. Le chef de l'administration municipale de Toulouse apportait dans ces communications le fruit de ses lumières et de son expérience parlementaire, satisfait d'offrir à S. M. ce tribut de sa fidélité, mais refusant pour lui l'honneur périlleux de prendre une partie du fardeau. On ajoute que, pour triompher de ces refus réitérés, le nom du Roi dut intervenir d'une manière pressante, mais de telle façon, qu'à son départ pour Paris, le maire de Toulouse ignorât les nominations faites, et fut censé se rendre près du Souverain pour éclairer son auguste volonté. »

Rien ne peint mieux que ces lignes le dévouement désintéressé de M. de Montbel, le loyal et ferme concours de ce fidèle sujet du roi de France.

Le même journal disait plus tard :

« L'adresse suivante de M. de Montbel est sans doute le dernier acte de sa gestion municipale à Toulouse. Quoique son élévation n'ait pas été vue du même œil par tous ses administrés, les uns y applaudissant avec franchise et sans réserve, les autres estimant que deux années d'expérience parlementaire et de pratique des affaires ne suffisent pas pour former un homme d'Etat, néanmoins il n'y a qu'une voix sur le maire, et cette unanimité de suffrages ne peut qu'être utile au ministre. On s'accorde à vanter son activité, son dévouement et son obligeance ; on rend hommage à son zèle éclairé pour la culture des arts, ainsi qu'à sa coopération dans les améliorations que pouvaient réclamer l'intérêt de l'industrie et les besoins de l'instruction scientifique, supplément ou complément de l'enseignement universitaire. De telles dispositions sont d'un heureux augure, ou du moins peuvent légitimer des espérances ; mais le poste où la confiance royale vient d'appeler M. de Montbel offre de tout autres difficultés, il impose de bien plus graves obligations. C'est la France entière qu'il faut maintenant satisfaire dans ses intérêts religieux et dans son avenir moral. Placer le sacerdoce catholique à son véritable point, tout en protégeant la liberté des cultes garantie par notre évangile politique, pourvoir à l'éducation de la jeunesse et donner à nos enfants les vertus du chrétien, du sujet fidèle et du citoyen libre, est une tâche épineuse, mais pleine de gloire ; le nouveau ministre sorti d'au milieu de nous va devenir l'objet d'une curieuse attention ; c'est à lui de justifier, dans le nouveau poste qui lui est confié, la réputation d'honneur et de capacité qu'il laisse parmi ses compatriotes. »

Voici les adieux de M. de Montbel à ses administrés :

« Pour me conformer aux ordres formels que j'avais reçus du Roi, j'ai dû sans délai quitter Toulouse, et je n'ai pu prendre congé de vous. Un devoir bien cher me restait toutefois à remplir. Avant d'abandonner des fonctions que vous m'avez rendues si douces, je viens vous témoigner toute ma gratitude pour la bienveillance dont vous m'avez honoré. Cette bienveillance m'a facilité tous mes travaux administratifs. Si j'ai obtenu quelques succès, je les ai dus à votre concours et à votre encouragement dont je conserverai toujours le précieux souvenir. Dans la position où la bonté du Roi a daigné m'appeler, je m'estimerai heureux toutes les fois que je pourrai trouver l'occasion de me rendre utile, et à la ville dont j'ai eu l'honneur d'être maire, et à chacun de mes concitoyens.

« *Le Maire de Toulouse*,

« BARON DE MONTBEL.

« Paris, 14 Août 1829. »

Une ordonnance royale du 18 novembre fit passer M. de Montbel au ministère de l'intérieur qui, dans les circonstances où se trouvait alors la France, était le plus important. Il contresigna, en cette qualité, l'ordonnance qui convoquait les Chambres pour le 2 mars 1830, celle qui nommait M. Royer-Collard président de la Chambre des Députés, l'ordonnance du 19 mars qui, après la présentation de la fameuse adresse des 221, prorogeait la session au 1ᵉʳ septembre, et enfin celle qui prononçait la dissolution de la Chambre des Députés, fixait l'époque des élections nouvelles, et convoquait les Chambres pour le 3 août.

L'hiver de 1830 fut, on le sait, extrêmement rigoureux ; M. de Montbel, se souvenant de sa bonne ville de Toulouse, envoya pour les pauvres une somme de 1,000 fr.

Une ordonnance du 19 mai appela M. de Montbel au ministère des finances ; il eut M. de Peyronnet pour successeur au portefeuille de l'intérieur. Avant de quitter ce dernier ministère, M. de Montbel accorda la somme de 6,000 fr., pour servir aux recherches et au classement des antiquités dans le département de la Haute-Garonne, et annonça l'envoi d'une collection de monuments égyptiens. Il avait déjà accordé quelques tableaux au Musée de Toulouse.

Les évènements marchaient avec une effrayante rapidité. Le *Moniteur* du 26 juillet publia le rapport au Roi et les célèbres ordonnances, qui suspendaient la liberté de la presse, prononçaient la dissolution de la Chambre des Députés récemment élue, fixaient le jour et le mode d'élections nouvelles. M. de Montbel signa ce rapport et ces ordonnances avec tous ses collègues du cabinet.

La Révolution éclata. Le ministère, dont M. de

Polignac était le président, sombra dans la tempête des journées de Juillet. M. de Montbel prit la route de l'exil, et quitta la France qu'il ne devait plus revoir.

On affirme qu'il n'avait signé les ordonnances que pour donner une preuve d'obéissance et de respect à une volonté devant laquelle il dut s'incliner. Il ne se dissimulait point les dangers de cet acte qui, dans l'état d'effervescence où se trouvaient les partis, compromettait l'existence de la monarchie, et exposait les ministres à de grands dangers. Il n'hésita plus, et ses scrupules cessèrent lorsqu'on fit appel à son dévouement. Il avait sacrifié sa vie calme des premiers temps à l'administration d'une ville où l'agitation des esprits était extrême, et dont il avait dirigé l'attention sur des questions d'avenir ou d'intérêt pressant ; il avait sacrifié cette mairie, qui lui avait mérité une juste popularité, pour prendre part aux luttes alors si vives, si passionnées de la tribune parlementaire ; et plus tard, il avait dit un mélancolique adieu à sa ville natale, pour accepter un ministère qu'il ne lui était pas permis de refuser. Enfin, il sacrifia le bonheur de ses vieux jours, sa famille et son pays, à sa fidélité pour le Roi; immolation suprême que bien peu d'hommes auraient eu la force d'accomplir, et qui était comme imposée à l'âme généreuse de M. de Montbel.

Il dit adieu à la France, et ne quitta guère la

famille royale dont il partagea l'exil. Il s'était fixé depuis plusieurs années en Allemagne, et surtout à Frohsdorff. Pour charmer ses loisirs, et rendre témoignage de ses persévérantes convictions, il écrivit successivement les ouvrages suivants :

I. *Dernière époque de l'histoire de Charles X, ses derniers voyages, sa maladie, sa mort, ses funérailles, son caractère et ses habitudes dans l'exil, suivie des actes et procès-verbaux relatifs à son décès.*

II. *Le duc de Reichstadt.*

III. *Notice sur les Mémoires de Marie-Thérèse, duchesse d'Angoulême.*

IV. *Le Comte de Marnes, fils aîné du Roi de France Charles X. Notice sur son exil, son caractère, sa mort, ses funérailles,* suivie *des actes et procès-verbaux relatifs à son décès:*

V. *Observations sur le choléra, faites à Vienne* (1832).

Ce dernier ouvrage fut écrit pour Toulouse, dont M. de Montbel conservait un doux et filial souvenir, et adressé par son auteur à l'Académie des Sciences, qui le publia et en inséra l'analyse dans ses comptes-rendus de l'année 1834.

M. de Montbel raconte avec précision l'histoire de la maladie dont il avait éprouvé les effets. Isolé, à Vienne, n'ayant près de lui ni amis ni parents, il put cependant se soustraire à cette atteinte terrible. A peine guéri de ses longues souffrances, il tourna ses regards vers la France menacée de l'invasion du fléau, et, par ses *observations*, il voulut prévenir bien des maux, en indiquant la méthode de traitement et les précautions à prendre pour écarter ce mal destructeur, ou pour en diminuer l'intensité : « Loin de mes concitoyens, écrivait-il, j'ai désiré pouvoir leur être utile... J'ai été témoin combien, dans toutes les circonstances, l'Académie de Toulouse s'occupait avec zèle de tout ce qui pouvait intéresser nos concitoyens. Quand j'avais l'honneur d'être maire de cette ville, je n'ai jamais consulté l'Académie, surtout dans les questions qui intéressaient la santé des habitants, sans trouver en elle des conseils qui éclairaient les mesures de l'administration. Aujourd'hui, éloigné de mon pays, je puis lui transmettre quelques observations que j'ai recueillies à Vienne, ou que j'ai faites sur moi-même... J'ai songé à mes chers compatriotes ; je suis privé du bonheur de partager les périls qui les menacent ; mais puissent les maux qui m'ont atteint loin d'eux, ne pas leur être inutiles. » Si ces *observations* furent heureusement inutiles, si la Providence détourna de Toulouse le fléau qui étendait partout ses ravages, la lettre de M. de Montbel n'en restera pas moins comme un témoignage des nobles sentiments de cette belle âme.

L'*Histoire du duc de Reichstadt* valut à M. de Montbel une correspondance très-suivie avec les plus grands diplomates de l'Europe, et produisit beaucoup d'effet dans toute l'Allemagne et en France.

Marie-Louise, mère du jeune duc, envoya à M. de Montbel une tabatière enrichie de diamants. Cette marque de sympathie était bien due à l'auteur qui avait fait preuve, dans son récit, d'une sincérité et d'une loyauté remarquables. Jugeant sans passion, en historien fidèle, il disculpait le gouvernement autrichien des reproches que les partis lui avaient adressés au sujet de la prétendue captivité et de la mort prématurée du duc de Reichstadt.

M. de Montbel n'oublia jamais sa ville natale. En juin 1835, il adressait à l'un de ses amis politiques, une somme de 100 fr., pour concourir au soulagement des victimes d'une inondation dont Toulouse avait été le théâtre. Quelques jours après, il obtenait du roi Charles X, pour le même objet, une somme de 800 fr. De tels faits étaient de nature à réveiller chez tous les habitants de Toulouse, à quelque opinion qu'ils appartinssent, des sentiments d'estime et de reconnaissance envers leur ancien maire. On lira avec intérêt les lettres que M. de Montbel écrivait pour annoncer son présent à l'infortune, et plus tard le don du Roi. Voici ces deux lettres :

Milan, 10 Juin 1835.

Je me hâte de répondre à votre lettre que j'ai reçue avec une vive émotion. Si mes infortunés compatriotes ont bien voulu se souvenir de moi, au milieu de leurs désastres, je n'ai pas non plus oublié combien leur confiance et le dévouement de mes bons collaborateurs me facilitaient l'accomplissement de mes devoirs envers eux. Je vous prie de vouloir bien vous charger de verser pour moi, à la caisse de la souscription, la somme qui vous sera remise en même temps que ma lettre. Mon offrande est bien au-dessous de mes vœux pour eux, mais peut-être compteront-ils pour quelque chose le souvenir d'un cœur qui leur est resté dévoué..... Dites à tous ceux qui veulent bien se souvenir de moi, que jamais je ne les oublierai. Comptez sur ma sincère amitié, et conservez-moi la vôtre.

MONTBEL.

Milan, le 28 Juin 1835.

Le roi Charles X, à qui j'ai fait parvenir votre lettre, a été péniblement affecté du malheur de nos pauvres concitoyens. Il n'avait pas oublié leurs désastres d'une autre époque, et il s'est hâté de me faire connaître combien son cœur prenait part à leur désastre actuel. Il a mis à ma disposition une somme que je vous fais parvenir, en regrettant que sa position présente ne lui permette pas d'offrir des secours au niveau d'une semblable calamité. Il vous charge de verser l'argent qu'il vous fait parvenir à la souscription ouverte pour nos pauvres inondés (1).....

DE MONTBEL.

(1) Chez M<sup>e</sup> Capelle, notaire, à Toulouse.

M. de Montbel prenait le plus vif intérêt à la construction de l'église Saint-Aubin ; sur le terrain où s'élève l'édifice religieux, reposent encore tous les siens. A diverses époques, il fit parvenir à M. l'abbé Montels, curé de cette paroisse, qui, avant d'embrasser le sacerdoce, avait été secrétaire-général de la mairie de Toulouse, pendant la durée de l'administration de M. de Montbel, des sommes plus ou moins importantes, provenant de ses dons personnels ou de ceux de chacun des membres de la famille royale exilée, qu'il intéressait à cette œuvre. On peut dire que M. de Montbel, maire de Toulouse, ministre de Charles X, dans sa patrie, ou sur la terre étrangère, ne cessa jamais de sentir son cœur battre pour la ville qui lui avait donné naissance.

M. de Montbel est mort au château de Frohsdorff (Autriche), le 29 janvier 1861, à l'âge de 73 ans. Il a succombé, presque subitement, aux atteintes rapides d'une fièvre catarrhale gastrique.

Trente ans passés loin de sa patrie, loin de ce qui appelle et retient le cœur de l'homme ; trente ans de souffrances intimes et profondes qui creusent insensiblement une tombe ; trente ans de foi et d'espérance dans le triomphe d'une cause ; voilà le gage d'une fidélité dont notre siècle a vu bien peu d'exemples aussi éclatants. Et ce qu'il y a de plus admirable, c'est que cette âme aimante et sensible n'exprima jamais une plainte ni un regret ; une mélancolique résignation, qui se fait jour dans ses lettres de l'exil, est le seul indice de l'amertume secrète qui dut souvent remplir le cœur de M. de Montbel. Sa détermination héroïque de ne rentrer en France qu'avec la famille royale que les évènements avaient proscrite, lui paraissait simple et naturelle ; il n'aurait pas compris qu'il pût agir autrement. Le jour où Charles X, après la retraite de M. de Courvoisier et de M. de Chabrol du cabinet de M. de Polignac, s'était écrié, en serrant M. de Montbel dans ses bras : « Eh ! quoi ! c'est vous qui m'abandonneriez dans les embarras et les périls qui m'assiégent ! » M. de Montbel qui, prévoyant une crise fatale, voulait résigner ses fonctions, sacrifia ses scrupules, ses opinions, sa vie, à une larme de son Roi. Il y eut comme un pacte entre le souverain et son fidèle sujet ; et ce pacte solennel ne fut jamais rompu.

Cette belle existence ne s'est pas démentie un seul jour. L'enfant généreux, l'adolescent ami des pauvres, ardent à l'étude des arts et des lettres, annonçaient, dans de nobles et touchantes prémisses, le magistrat bienveillant et assidu à ses nombreux devoirs, s'exagérant même les soins de sa charge et craignant sans cesse, — malgré de grands labeurs, — d'avoir perdu sa journée. Député, il se fait connaître par son affection courageuse pour M. de Villèle. Appelé au ministère malgré lui, il se prononce en faveur d'un système de gouvernement modéré ; une prière, plus impérieuse pour son cœur que des ordres souverains, le retient auprès du Roi dont il partage les destinées. Dans sa vie errante, il n'oublie aucun de ceux qu'il a aimés. Il a pour sa chère Toulouse des pensées de tendresse filiale ; un temple à élever, des infortunes à soulager, trouvent sa bienfaisance toujours prête. Il prévoit les dangers dont un fléau sans pitié menace sa ville natale, et il emploie les heures d'une convalescence douloureuse à dicter à ses concitoyens le traitement qui sauva sa vie. M. de Montbel était un de ces hommes rares qui ont un fonds de tendresse inépuisable, et chez lesquels les sentiments affectifs ne cessent qu'avec les derniers battements du cœur.

La mort de M. de Montbel a été un deuil pour Toulouse et pour la France ; on ne perd pas sans une profonde douleur des âmes de cette trempe et de cette valeur. Nous l'avons déjà dit : tous les partis ont mêlé leurs voix dans un concert unanime de regrets et de louanges : hommage bien dû au citoyen et au magistrat ! au citoyen dont les talents n'étaient égalés que par la modestie ! au magistrat intègre, intelligent, ferme et courageusement, mais sagement ami du progrès ! au maire de 1826, dont la popularité a survécu à de longues années de séparation ! au chrétien sincère, qui a prouvé sa foi par ses actes, et qui a dû à la pratique de

la religion la calme et sereine grandeur de son existence et la résignation dans ses tristesses de l'exil!

Toulouse a, dans son Capitole, un sanctuaire
pour les hommes d'élite dont elle a protégé la naissance. Si les services, le noble caractère, les vertus
extraordinaires sont des titres qui ouvrent les portes
de ce Panthéon, le nom de **M.** de Montbel ne doit
point tarder d'y prendre place. Une ville est tenue
aux dettes de la reconnaissance, et Toulouse ne
sera pas ingrate. Une immense acclamation applau-
dira à ce témoignage d'un respect tardif et d'un
hommage que la mort autorise. Un seul mot suffira
pour l'inscription qu'il est d'usage de graver sur le
marbre, et ce mot sera celui de Dévouement!

Toulouse, 1er Mars 1861.

www.ingramcontent.com/pod-product-compliance
Lightning Source LLC
Chambersburg PA
CBHW051337060726

47596CB00004B/1660